Tous ensemble 4

Verbenlernheft

Ernst Klett Verlag
Stuttgart Leipzig

1. Auflage 1 6 5 4 3 | 24 23 22 21

Alle Drucke dieser Auflage können im Unterricht nebeneinander benutzt werden, sie sind untereinander unverändert.
Die letzte Zahl bezeichnet das Jahr dieses Druckes.

Internetadresse: www.klett.de

Autorin: Manon Guesdon, Paris
Redaktion: Heike Brichzin
Mediengestaltung: Birgit Gaab
Umschlagfoto: Ilka Kramer, Lausanne
Zeichnungen: Anke Fröhlich, Leipzig, Boris Goldammer, Berlin, Klett-Archiv, Hendrik Kranenberg, Drolshagen, David Normann, Meerbusch, Katja Rau, Berglen, Sandra Schmidt, Berlin, Steffen Wolff, Brohl-Lützing
Satz: Fotosatz Kaufmann, Stuttgart
Druck: AZ Druck und Datentechnik GmbH, Kempten/Allgäu

Printed in Germany
ISBN 978-3-12-623635-5

Verben lernen mit dem Verbenlernheft

Dieses Verbenlernheft im Taschenformat soll dir dabei helfen, die Verben von *Tous ensemble 4* zu wiederholen.
So verschwendest du keine Zeit. Du kannst damit in Pausen oder in Bus und Bahn üben oder Verbformen nachschlagen, die dir gerade nicht mehr einfallen.

Du kannst in diesem Heft die Verben einer Lektion wiederholen, bestimmte Verbformen nachschlagen, Unsicherheiten zerstreuen oder dich ganz einfach „stärken", indem du zu den nicht immer einfachen Verben ein paar schriftliche Übungen machst. Das gibt dir Sicherheit, denn zu allen Übungen findest du am Ende des Heftes die Lösungen zum Vergleich oder zum „Spicken", wenn dir eine Form gerade nicht einfällt.

Am Anfang jeder *Leçon* findest du eine Liste aller neuen Verben mit ihrer Übersetzung und einen Lerntipp.
Die vielfältigen, mitunter auch spielerischen Übungen konzentrieren sich stets auf die Verben der jeweiligen *Leçon*.

Im Anschluss kannst du eine Verbform in den Verbtabellen oder direkt in der alphabetischen Verbenliste nachschlagen.

Nun aber viel Spaß und viel Erfolg!
Dein *Tous ensemble*-Team

Tipp
Du hast gerade keine Lust, zu lernen? Morgens, abends, nach dem Frühstück oder vor dem Schlafengehen – wähle zum Vokabellernen den Zeitpunkt, an dem du dich am besten konzentrieren kannst.

Les DROM se trouvent à des milliers de kilomètres de Paris.	Die Überseedepartements sind tausende Kilometer von Paris entfernt.
On y parle français. [õnipaʀlfʀɑ̃sɛ]	Man spricht dort Französisch.
faire partie de [fɛʀpaʀtidə]	ein Teil sein von/gehören zu
parcourir [paʀkuʀiʀ]	zurücklegen *(Strecke)*
coloniser [kɔlɔnize]	kolonisieren
Des colonies françaises sont devenues des DROM.	Französische Kolonien sind Überseedepartements geworden.
partir pour [paʀtiʀpuʀ]	fahren nach

La France d'outre-mer

1 Was passt zusammen?

se trouver	partie des DROM
partir	français
parcourir	à des milliers de kilomètres de Paris
faire	300 km
parler	pour la Guadeloupe

2 Finde das Wort. Lies die Sätze und trage die Wörter in die Kästchen ein.

a)			4		5				
b)					1				
c)				3					
d)				2		6			
e)							7		

1	2	3	4	5			6	7
					–	M		

a) Les Guadeloupéens y ______________________ français.

b) Nous ______________________ pour Berlin.

c) La Guyane ______________________ partie des DROM.

d) La Guadeloupe se ______________________ à des milliers de kilomètres de la France.

e) Vous ______________________ 1.500 km en voiture?

Tipp
Eine Pause machen und dabei lernen? Schau dir einen Film auf Französisch mit französischen Untertiteln an, du wirst vieles verstehen!

Leçon 1 Un papillon dans l'océan

avoir la forme de [avwaʀlafɔʀmdə]	die Form haben von
il/elle se trouve [il/ɛlsətʀuv]	er/sie/es befindet sich
il/elle se situe [il/ɛlsəsity]	er/sie/es liegt
pousser [puse]	wachsen
cultiver [kyltive]	anbauen
représenter [ʀəpʀezɑ̃te]	darstellen
observer [ɔpsɛʀve]	beobachten
Il ne pleut pas beaucoup.	Es regnet wenig.
fêter [fete]	feiern
quand je me réveille [kɑ̃ʒəməʀevɛj]	als/wenn ich aufwache
consulter [kɔ̃sylte]	*hier:* anschauen
Il faut se préparer. [ilfosəpʀepaʀe]	Wir müssen uns vorbereiten.
Toute la famille se retrouve autour de mamie.	Die ganze Familie versammelt sich um die Großmutter.
emporter [ɑ̃pɔʀte]	mitnehmen
Le cyclone a tout emporté.	Der Zyklon hat alles mitgerissen.
faire le plein [fɛʀləplɛ̃]	volltanken
recharger [ʀəʃaʀʒe]	aufladen
rentrer [ʀɑ̃tʀe]	hineinbringen
vivre [vivʀ]	leben
devenir [dəv(ə)niʀ]	werden
allumer [alyme]	anzünden
couper le gaz [kupeləgaz]	das Gas abstellen
La radio est allumée. [laʀadjoɛtalyme]	Das Radio ist eingeschaltet.
correspondre à qc [kɔʀɛspɔ̃dʀa]	etw. entsprechen

1 Ergänze das passende Verb aus der Liste und gleiche es an.

se préparer - cultiver - vivre - pleuvoir - rentrer - allumer

a) Si demain il ____________________ beaucoup, il faudra ____________________ les chaises.

b) Si je ____________________ en Guadeloupe, j'irais tous les jours à la plage.

c) S'il y a une inondation demain, il faut ____________________ .

d) Si tu ____________________ la radio, tu entendras le bulletin météo.

e) S'ils vivaient en Martinique, ils ____________________ des bananes.

2 Was ist los auf Guadeloupe? Kreuze die richtigen Antworten an.

a) In Guadeloupe gibt es Ananas.
- ☐ En Guadeloupe poussent des ananas.
- ☐ La Guadeloupe a la forme d'un ananas.

b) Die Hälfte entspricht 50%.
- ☐ Trois quarts correspondent à 50%.
- ☐ La moitié correspond à 50%.

c) Ein Zyklon kommt…
- ☐ Il faut rentrer les chaises!
- ☐ Il faut allumer le gaz!

d) Oma kauft ganz viel Essensvorräte.
- ☐ Elle recharge donc les piles.
- ☐ Elle fait donc le plein de nourriture.

3 Trage das richtige Verb ein.

a) O _ _ _ _ _ _ _ des tortues marines

b) F _ _ _ _ son anniversaire

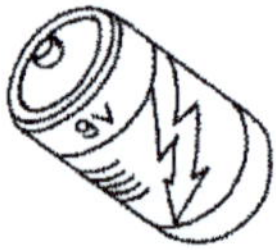

c) R _ _ _ _ _ _ _ _ les piles

d) P _ _ _ _ _ _ _ pendant des heures

4 Was wird Oma tun? Setze die folgenden Sätze ins *futur*.

a) Toute la famille se retrouve autour de Mamie.

___

b) Pour écouter le bulletin météo, Mamie allume la radio.

___

c) Mamie cultive des tomates.

___

d) Quand Mamie se lève, elle boit un café.

___

e) Mamie rentre les chaises.

___

5 Kannst du diese Wörter trotz Spiegelschrift erkennen?

ressoup ______________________________ (wachsen)

rineved ______________________________ (werden)

revitluc ______________________________ (anbauen)

retlusnoc ______________________________ (anschauen)

remulla ______________________________ (anzünden/einschalten)

retropme______________________________ (mitnehmen)

6 Setze die folgenden Sätze ins *passé composé*.

a) Il pleut beaucoup!

____

b) Nous partons pour Madagascar.

____

c) Je consulte le bulletin météo.

____

d) Ils fêtent leur anniversaire: ils ont 18 ans déjà!

____

f) Tu cultives des noix de coco?

____

g) Tu vis en Guyane? La chance!

____

7 **In der Buchstabensuppe sind 8 Verben versteckt. Markiere sie.**

Q	A	E	R	T	F	D	C	L	I	M	A	P	O	U
A	W	A	S	S	E	M	P	O	R	T	E	R	U	S
R	E	U	N	I	R	P	O	R	T	Y	H	I	S	T
T	F	I	G	D	F	R	S	O	U	T	E	X	T	R
E	G	R	E	V	E	I	L	L	E	R	F	A	V	E
F	J	E	U	N	T	Y	X	R	M	L	A	I	I	D
O	L	U	M	I	E	V	B	S	U	P	R	A	V	N
U	U	N	C	O	R	R	E	S	P	O	N	D	R	E
L	C	I	D	U	N	R	I	R	A	R	I	A	E	M
V	I	R	E	P	R	E	S	E	N	T	E	R	O	R
R	U	S	S	O	B	S	E	R	V	E	R	I	C	E

a) aufwachen: se ______________________________

b) sich versammeln : se ______________________________

c) leben: ______________________________

d) (etw) entsprechen : ______________________________

e) feiern: ______________________________

f) beobachten: ______________________________

g) darstellen: ______________________________

h) mitnehmen: ______________________________

Tipp
Verben im *imparfait* konjugieren? Einfach... Du musst nur die Endungen auswendig lernen.

Leçon 2 «J'y tiens, à ma double culture»

naître [nɛtʀ]	geboren werden
grandir [gʀɑ̃diʀ]	aufwachsen
faire carrière [fɛʀkaʀjɛʀ]	Karriere machen
Elle se passionne pour la musique. [ɛlsəpasjɔnpuʀlamyzik]	Sie begeistert sich für die Musik.
enregistrer [ɑ̃ʀəʒistʀe]	aufnehmen
sortir [sɔʀtiʀ]	herauskommen, erscheinen
faire venir qn [fɛʀvəniʀ]	jdn. kommen lassen
suivre des cours de batterie [sɥivʀdekuʀdəbatʀi]	Schlagzeugunterricht nehmen
créer [kʀee]	schaffen, gründen
aimer faire rire qn [emefɛʀʀiʀ]	jdn. gern zum Lachen bringen
utiliser [ytilize]	verwenden, benutzen
faire carrière en tant que ... [fɛʀkaʀjɛʀɑ̃tɑ̃kə]	Karriere als ... machen
improviser [ɛ̃pʀɔvize]	improvisieren
Est-ce que tu te sens plutôt français ou turc?	Fühlst du dich eher französisch oder türkisch?
décider (de faire qc) [deside]	entscheiden (etw. zu tun)
émigrer [emigʀe]	auswandern
épouser [epuze]	heiraten
fonder [fɔ̃de]	gründen
pratiquer [pʀatike]	ausüben
quitter [kite]	verlassen
rêver de faire qc [ʀeve]	davon träumen, etw. zu tun
continuer [kɔ̃tinɥe]	weitergehen; weitermachen; fortfahren

1 Ein Verb auf Französisch, mehrere Bedeutungen im Deutschen. Welche?

a) sortir:

____

____

b) créer:

____

____

c) utiliser:

____

____

d) continuer:

____

____

____

2 Geht es um Musik oder nicht? Kreuze die richtige Antwort an.

	Oui ☺	Non ☹
a) enregistrer	☐	☐
b) émigrer	☐	☐
c) suivre des cours de batterie	☐	☐
d) faire carrière dans la musique	☐	☐
e) épouser	☐	☐

3 Bringe die Satzteile in die richtige Reihenfolge.

a) suis / 5 / batterie / des / depuis / Je / cours / de / ans.

____

b) carrière / Kenza / en / Farah / que / fait / chanteuse. / a / tant

____

c) copains. / un / musique / créé / avec / Nous / groupe / des / avons / de

____

d) pour / Stromae / se / la / passionne / musique.

____

e) décidé / ont / enregistrer / Ils / chanson. / d' / une

____

f) tout / rire / Jamel / faire / le / aime / monde.

____

4 Löse das Kreuzworträtsel mit den folgenden Verben im *imparfait* oder *passé composé*.

improviser – continuer – quitter – fonder – utiliser – jouer – rêver

1) Quand j'étais enfant, je ______________________ de fonder un groupe.

2) A l'âge de 17 ans, avec trois copains, nous l'avons donc

______________________.

3) A cet âge-là, je ______________________ seulement de deux instruments de musique.

4) Souvent, nous ______________________ les chansons.

5) J'______________________ beaucoup la guitare et le piano dans les chansons que je composais.

6) 5 ans plus tard, j'ai ______________________ le groupe…

7) Mais j'ai toujours ______________________ la musique. Aujourd'hui, je joue aussi de la flûte!

5 *Être* oder *avoir*? Fülle die Tabelle aus.

les verbes	participe passé	avoir	être
émigrer	émigré	X	
grandir			
sortir			
quitter			
naître			
improviser			
utiliser			
créer			
épouser			

6 Setze die folgenden Sätze ins *imparfait*.

a) Son frère? Il est super drôle.

____

b) Il aime faire rire les gens depuis l'âge de 5 ans.

____

c) Est-ce que tu te sens plutôt français ou turc?

____

d) Tu rêves de faire carrière dans la musique, non?

____

e) Elle suit des cours de batterie 3 fois par semaine.

____

Tipp
Im *conditionnel* ist die Endung die gleiche wie im *imparfait*. Bei regelmäßigen Verben wird die Endung an den Infinitiv angehängt, z.B. je me reposer*ais*, tu te reposer*ais*, il/elle se reposer*ait*, nous nous reposer*ions*, vous vous reposer*iez*, ils se reposer*aient*.

Leçon 3 Louis XIV, le Roi-Soleil

marquer [maʀke]	*hier:* prägen
gouverner [guvɛʀne]	regieren
entreprendre [ɑ̃tʀəpʀɑ̃dʀ]	unternehmen; *hier:* beauftragen
Il fait décorer les portes.	Er lässt die Türen verzieren.
faire faire qc [fɛʀfɛʀ]	etw. machen lassen
décorer [dekɔʀe]	schmücken; verzieren
admirer [admiʀe]	bewundern
copier [kɔpje]	kopieren; *hier:* nachahmen
composer [kɔ̃poze]	komponieren
se lever [səl(ə)ve]	aufstehen
assister à qc [asistea]	an etw. teilnehmen
(s')habiller [(s)abije]	(sich) anziehen
(se) maquiller [makije]	(sich) schminken
Avant d'aller à la messe … [avɑ̃dalealamɛs]	Bevor er zur Messe ging, …
traverser [tʀavɛʀse]	durchqueren
se promener [səpʀɔmne]	spazieren gehen
s'amuser [samyze]	sich vergnügen; sich amüsieren
jouer au billard [ʒweobijaʀ]	Billard spielen
se mettre une perruque [s(ə)mɛtʀynpɛʀyk]	sich eine Perücke aufsetzen
se réveiller [səʀeveje]	aufwachen
se mettre du gel dans les cheveux [s(ə)mɛtʀ]	sich die Haare gelen
se coucher [səkuʃe]	ins Bett gehen; schlafen gehen
s'habituer à qn/qc [sabitɥea]	sich an jdn./etw. gewöhnen
sentir mauvais [sɑ̃tiʀmovɛ]	stinken
crier [kʀije]	schreien
vite se déplacer [vitsədeplase]	schnell zur Seite gehen

se protéger [səpʀɔteʒe]	sich schützen
sentir bon [sɑ̃tiʀbɔ̃]	gut riechen
Il aimerait en manger. [ilɛmʀɛɑ̃mɑ̃ʒe]	Er würde gern etwas davon essen.
se reposer [səʀ(ə)poze]	sich ausruhen
appeler qc [ap(ə)le]	etw. nennen
voler [vɔle]	stehlen
être debout [ɛtʀd(ə)bu]	stehen
être assis(e) [ɛtʀasi(z)]	sitzen
tenir qn/qc [təniʀ]	jdn./etw. halten

1 Der König hat heute keine Lust, sich zu bewegen. Hilf ihm, die richtigen Aktivitäten zu finden.

	bewegen	nicht bewegen
composer	☐	☐
vite se déplacer	☐	☐
traverser la galerie des Glaces	☐	☐
jouer au billard	☐	☐
admirer	☐	☐
se reposer	☐	☐
être assis	☐	☐
aller à la messe	☐	☐
se promener	☐	☐

2 Forme die folgenden Sätze um, verwende das Conditionnel.

a) Si Louis XIV entreprend des constructions, le château sera plus beau.

____

b) Si je joue au billard maintenant, je me reposerai ensuite.

____

c) Si vous vous promenez dans la ville, vous verrez le magnifique château.

____

d) S'ils décorent leur maison, ils auront besoin de nous.

____

e) Si elle vole quelque chose dans le château de Versailles, elle aura des problèmes.

____

3 Was passt zusammen?

composer	les portes
marquer	une chanson
se mettre	bon/mauvais
sentir	une époque
être	assis/debout
décorer	du gel dans les cheveux / une perruque

4 Du wirst in die Zeit von Louis XIV versetzt. Was würdest du gern tun? Übersetze.

Si je vivais à l'époque de Louis XIV, j'aimerais…

– ______________________ (*teilnehmen*) au Lever du roi.

– ______________________ (*bewundern*) la galerie des Glaces.

– m'______________________ (*vergnügen*) et me

______________________ (*ausruhen*) dans les jardins.

– ______________________ (*regieren*) la France!

5 Fülle nun die Lücken mit dem passenden Verb.

se mettra – te couches – se réveiller – se maquille – s'appeler – t'habitueras – crier – s'habille

a) La reine ne ______________________ et ne

______________________ pas toute seule.

b) Louis, c'est l'heure de ______________________, il est déjà 8h!

c) Tu ______________________ toujours trop tard.

d) Si elle va au carnaval, elle ______________________ une

belle perruque.

e) – Ça sent mauvais ici! - Oh, tu ______________________ …

f) Louis XIV a choisi de ______________________ le Roi-Soleil.

g) Arrête de ______________________ si fort!

Tipp
Höre französische Radiosender oder Podcasts an, um dein Französisch zu verbessern.

Leçon 4 Strasbourg, capitale européenne

passer de la France à l'Allemagne [traverse]	von Frankreich an Deutschland übergehen
La passerelle relie Strasbourg à Kehl.	Die Fußgängerbrücke verbindet Straßburg mit Kehl.
traverser [traverse]	überqueren
passer une frontière [paseynfrɔ̃tjɛr]	eine Grenze passieren; über eine Grenze gehen/fahren
sans devoir montrer ses papiers	ohne seinen Ausweis zeigen zu müssen
renforcer [rɑ̃fɔrse]	stärken; festigen
voter [vɔte]	wählen
être valable [ɛtrvalabl]	gelten
ressembler à qn/qc [rəsɑ̃blea]	jdm./etw. ähneln
attirer [atire]	anziehen
être situé(e) entre ... et ... [ɛtrsitɥeɑ̃tre]	zwischen ... und ... liegen
passer (à la télé) [pase]	laufen (im Fernsehen); ausgestrahlt werden
savoir [savwar]	wissen; können
interviewer [ɛ̃tɛrvjuve]	interviewen
traduire [tradɥir]	übersetzen
en ce qui concerne ... [ɑ̃səkikɔ̃sɛrn]	was ... betrifft
rendre visite à qn [rɑ̃drəvisita]	jdn. besuchen
J'en reviens. [ʒɑ̃rəvjɛ̃]	Ich komme gerade von dort zurück.
remercier qn de/pour qc [rəmɛrsje]	jdm. für etw. danken; sich bei jdm. für etw. bedanken
souhaiter qc à qn [swete]	jdm. etw. wünschen
Le train a du retard?	Hat der Zug Verspätung?
Il est fermé./Elle est fermée. [ilɛ/ɛlɛfɛrme]	Er/Sie/Es ist geschlossen/zu.

se déplacer [sədeplase]	sich fortbewegen
J'aimerais qu'on fasse … [ʒɛmʀɛkõfas]	Ich würde gern … machen.
il faut que [ilfokə]	man muss; es ist nötig, dass

1 Konjugiere die Verben im *subjonctif*. Fülle die Tabelle aus.

	savoir	traduire	traverser
Il faut que je…			
Il faut que tu…			
*Il faut qu'*il/elle/on…			
Il faut que nous…			
Il faut que vous…			
*Il faut qu'*ils/elles…			

2 Organisation ist alles! Was sagst du?

a) Am Mittwoch soll Pauline ihre Familie besuchen.

Il faut que:
- ☐ Pauline remercie sa famille.
- ☐ Pauline rende visite à sa famille.

b) Am Donnerstag sollen wir ein paar Personen in der Straße interviewen.

Il faut que:
- ☐ nous interviewions quelques personnes.
- ☐ nous votions.

c) Am Freitag sollen meine Freunde diese Interviews ins Französische übersetzen.

Il faut qu':
- ☐ ils traduisent ces interviews en français.
- ☐ ils traduisent ces interviews en allemand.

d) Am Wochenende sollst du alle Wörter dieser Lektion kennen.

Il faut que:
- ☐ tu saches tout ton vocabulaire.
- ☐ tu traduises tout ton vocabulaire.

3 Fülle nun die Lücken mit der richtigen Form im *présent* oder *subjonctif*.

a) Il faut que nous ____________________ (*voter*)!

b) Pour passer le Rhin, il faut que tu ____________________ (*traverser*) la passerelle.

c) La gare ____________________ (*fermer*) tous les jours à 17 heures.

d) C'est son anniversaire aujourd'hui. Il faut que vous lui ____________________ (*souhaiter*) un bon anniversaire, n'oubliez pas!

e) Paris et Strasbourg ____________________ (*attirer*) beaucoup de touristes.

f) J'aimerais qu'on ____________________ (*faire*) du vélo aujourd'hui. Tu es d'accord?

g) – Tu es allée voir la cathédrale de Strasbourg? – Oui, j'en ____________________ (*revenir*)!

4 Du bist dir nicht sicher, ob du alles richtig verstanden hast und fragst noch mal nach. Verwende die Inversionsfrage.

Elle ressemble beaucoup à sa sœur. → Ressemble-t-elle beaucoup à sa sœur?

a) On ne doit plus montrer ses papiers pour passer la frontière.

____

b) Oh non, la gare est déjà fermée!

____

c) Il faut que tu interviewes cette personne.

d) Votre carte n'est plus valable.

e) Ma maison est située entre une pâtisserie et un supermarché.

5 Bringe die Satzteile in die richtige Reihenfolge.

a) ce / c'est / interview, / En / quand? / concerne / son / qui

b) passez / à / Est / vous / télé / -ce / soir? / la / que / ce

c) Il / 23 / est / heures, / restaurant / fermé… / le / est

d) carte / dans / Leur / est / l'Europe. / valable / toute

6 Übersetze.

a) Ist er schon im Fernsehen gelaufen oder noch nicht?

____

b) Wir sollen diesen Text in 30 Minuten übersetzen.

____

c) Hat der Zug Verspätung?

____

d) Die Fußgängerbrücke verbindet Straßburg mit Kehl.

____

e) Habt ihr euch bei euren Freunden bedankt?

____

f) Oma bewegt sich nicht sehr schnell fort…

____

7 Welche Verben verstecken sich hinter den Buchstabensalaten?

FORCERREN ______________________

SUOTERHAI ______________________

RESSAP ______________________

RELEMBRESS ______________________

ARITTRE ______________________

TOVRE ______________________

Zu den Verbtabellen

Die Verben werden in **fünf** Gruppen eingeteilt:

die **Gruppe 1** mit den **„normalen" Verben auf** *-er* und mit denen, die eine **kleine „Macke"** haben **(1b–1g)**,
die **Gruppe 2** mit den **Verben auf** *-dre*,
die **Gruppe 3 a und b** mit den **Verben auf** *-ir*,
die **Gruppe 4** mit den **reflexiven Verben**,
die **Gruppe 5–22** mit den **unregelmäßigen Verben**, sie werden einzeln durchnummeriert.

1 Verben auf *-er: -e, -es, -e, -ons, -ez, -ent*

1a **chercher** (suchen) TE I 3B

Présent		**Passé composé**			**Futur composé**		
je	cherch**e**	j'	ai	cherché	je	vais	chercher
tu	cherch**es**	tu	as	cherché	tu	vas	chercher
il/elle/on	cherch**e**	il/elle/on‿	a	cherché	il/elle/on	va	chercher
nous	cherch**ons**	nous‿	avons	cherché	nous‿	allons	chercher
vous	cherch**ez**	vous‿	avez	cherché	vous‿	allez	chercher
ils/elles	cherch**ent**	ils/elles‿	ont	cherché	ils/elles	vont	chercher

Imparfait				**Impératif**
je	**cherchais**	nous	cherch**ions**	Cherche.
tu	cherch**ais**	vous	cherch**iez**	Cherchons.
il/elle/on	cherch**ait**	ils/elles	cherch**aient**	Cherchez.

Futur simple		**Conditionnel**		**Subjonctif**		
je	chercher**ai**	je	chercher**ais**	que	je	cherch**e**
tu	chercher**as**	tu	chercher**ais**	que	tu	cherch**es**
il/elle/on	chercher**a**	il/elle/on	chercher**ait**	qu'	il/elle/on	cherch**e**
nous	chercher**ons**	nous	chercher**ions**	que	nous	cherch**ions**
vous	chercher**ez**	vous	chercher**iez**	que	vous	cherch**iez**
ils/elles	chercher**ont**	ils/elles	chercher**aient**	qu'	ils/elles	cherch**ent**

Ebenso: alle regelmäßigen Verben auf *-er*

Beachte: Die Verben **arriver** (ankommen), **entrer** (eintreten), **tomber** (fallen), **rentrer** (zurückkehren), **rester** (bleiben) bilden das *Passé composé* mit **être**.

1b appeler ([an]rufen) — TE II 5A

Présent		Passé composé			Futur composé		
j'	appelle	j'	**ai**	**appelé**	je	vais	appeler
tu	appelles	tu	**as**	**appelé**	tu	vas	appeler
il/elle/on‿	appelle	il/elle/on‿	**a**	**appelé**	il/elle/on	va	appeler
nous‿	appelons	nous‿	**avons**	**appelé**	nous‿	allons	appeler
vous‿	appelez	vous‿	**avez**	**appelé**	vous‿	allez	appeler
ils/elles‿	appellent	ils/elles‿	**ont**	**appelé**	ils/elles	vont	appeler

Imparfait				Impératif
j'	**appelais**	nous‿	appelions	Appelle.
tu	appelais	vous‿	appeliez	Appelons.
il/elle/on‿	appelait	ils/elles‿	appelaient	Appelez.

Futur simple		Conditionnel		Subjonctif		
j'	appellerai	j'	appellerais	que	j'	appelle
tu	appelleras	tu	appellerais	que	tu	appelles
il/elle/on	appellera	il/elle/on	appellerait	qu'	il/elle/on‿	appelle
nous‿	appellerons	nous‿	appellerions	que	nous‿	appelions
vous‿	appellerez	vous‿	appelleriez	que	vous‿	appeliez
ils/elles‿	appelleront	ils/elles‿	appelleraient	qu'	ils/elles‿	appellent

1c **acheter** (kaufen)							TE II 1AP
Présent		**Passé composé**			**Futur composé**		
j'	achète	j'	ai	acheté	je	vais	acheter
tu	achètes	tu	as	acheté	tu	vas	acheter
il/elle/on‿	achète	il/elle/on‿	a	acheté	il/elle/on	va	acheter
nous‿	achetons	nous‿	avons	acheté	nous‿	allons	acheter
vous‿	achetez	vous‿	avez	acheté	vous‿	allez	acheter
ils/elles‿	achètent	ils/elles‿	ont	acheté	ils/elles	vont	acheter
Imparfait					**Impératif**		
j'	**achetais**	nous‿	achetions		Achète.		
tu	achetais	vous‿	achetiez		Achetons.		
il/elle/on‿	achetait	ils/elles‿	achetaient		Achetez.		
Futur simple		**Conditionnel**			**Subjonctif**		
j'	achèter**ai**	j'	achèter**ais**		que	j'	achète
tu	achèter**as**	tu	achèter**ais**		que	tu	achètes
il/elle/on	achèter**a**	il/elle/on	achèter**ait**		qu'	il/elle/on‿	achète
nous‿	achèter**ons**	nous‿	achèter**ions**		que	nous‿	achetions
vous‿	achèter**ez**	vous‿	achèter**iez**		que	vous‿	achetiez
ils/elles‿	achèter**ont**	ils/elles‿	achèter**aient**		qu'	ils/elles‿	achètent

Ebenso: enlever (ausziehen).

Beachte: fêter (feiern) hat immer einen Akzent, in allen Zeiten.

1d manger (essen) TE II 2A

Présent		Passé composé			Futur composé		
je	mange	j'	ai	mangé	je	vais	manger
tu	manges	tu	as	mangé	tu	vas	manger
il/elle/on	mange	il/elle/on‿	a	mangé	il/elle/on	va	manger
nous	mangeons	nous‿	avons	mangé	nous‿	allons	manger
vous	mangez	vous‿	avez	mangé	vous‿	allez	manger
ils/elles	mangent	ils/elles‿	ont	mangé	ils/elles	vont	manger

Imparfait				Impératif
je	**mangeais**	nous	mangions	Mange.
tu	mangeais	vous	mangiez	Mangeons.
il/elle/on	mange**ait**	ils/elles	mangeaient	Mangez.

Futur simple		Conditionnel		Subjonctif		
je	mange**rai**	je	manger**ais**	que	je	mange
tu	mange**ras**	tu	manger**ais**	que	tu	mange**s**
il/elle/on	mange**ra**	il/elle/on	manger**ait**	qu'	il/elle/on	mange
nous	mange**rons**	nous	manger**ions**	que	nous	mang**ions**
vous	mange**rez**	vous	manger**iez**	que	vous	mang**iez**
ils/elles	mange**ront**	ils/elles	manger**aient**	qu'	ils/elles	mang**ent**

Ebenso: bouger ([sich] bewegen), **nager** (schwimmen), **ranger** (aufräumen), **plonger** (ins Wasser springen), **changer** (ändern), **charger** (einladen), **décharger** (entladen), **déménager** (umziehen)

1e **commencer** (anfangen) — TE II 2 A

Présent		Passé composé			Futur composé		
je	commence	j'	ai	commencé	je	vais	commencer
tu	commences	tu	as	commencé	tu	vas	commencer
il/elle/on	commence	il/elle/on‿	a	commencé	il/elle/on	va	commencer
nous	commençons	nous‿	avons	commencé	nous‿	allons	commencer
vous	commencez	vous‿	avez	commencé	vous‿	allez	commencer
ils/elles	commencent	ils/elles‿	ont	commencé	ils/elles	vont	commencer

Imparfait				Impératif
je	commençais	nous	commencions	Commence.
tu	commençais	vous	commenciez	Commençons.
il/elle/on	commençait	ils/elles	commençaient	Commencez.

Futur simple		Conditionnel		Subjonctif		
je	commencerai	je	commencerais	que	je	commence
tu	commenceras	tu	commencerais	que	tu	commences
il/elle/on	commencera	il/elle/on	commencerait	qu'	il/elle/on	commence
nous	commencerons	nous	commencerions	que	nous	commencions
vous	commencerez	vous	commenceriez	que	vous	commenciez
ils/elles	commenceront	ils/elles	commenceraient	qu'	ils/elles	commencent

Beachte: commencer (anfangen) hat wie **manger** (s. 1d) Besonderheiten in Schreibung und Aussprache.

1f essayer (versuchen)								TE III 2A
Présent		**Passé composé**			**Futur composé**			
j’	essai**e**	j’	ai	essayé	je	vais	essayer	
tu	essai**es**	tu	as	essayé	tu	vas	essayer	
il/elle/on‿	essai**e**	il/elle/on‿	a	essayé	il/elle/on	va	essayer	
nous‿	essay**ons**	nous‿	avons	essayé	nous‿	allons	essayer	
vous‿	essay**ez**	vous‿	avez	essayé	vous‿	allez	essayer	
ils/elles‿	essai**ent**	ils/elles‿	ont	essayé	ils/elles‿	vont	essayer	
Imparfait					**Impératif**			
j’	essay**ais**	nous	essay**ions**		Essaie.			
tu	essay**ais**	vous	essay**iez**		Essayons.			
il/elle/on	essay**ait**	ils/elles	essay**aient**		Essayez.			
Futur simple		**Conditionnel**			**Subjonctif**			
j’	**essaierai**	j’	**essaierais**		que	j’	essaie	
tu	**essaieras**	tu	**essaierais**		que	tu	essaies	
il/elle/on	**essaiera**	il/elle/on	**essaierait**		qu’	il/elle/on	essaie	
nous	**essaierons**	nous	**essaierions**		que	nous	essay**ions**	
vous	**essaierez**	vous	**essaieriez**		que	vous	essay**iez**	
ils/elles	**essaieront**	ils/elles	**essaieraient**		qu’	ils/elles	essai**ent**	

Ebenso: envoyer (schicken), das *Futur simple* von **envoyer** ist aber: **j’enverrai**, tu **enverras** …, das *Conditionnel* **j’enverrais**, tu **enverrais** …

1g préférer (vorziehen, lieber mögen)								TE II 1A
Présent		**Passé composé**			**Futur composé**			
je	préfère	j’	ai	préféré	je	vais	préférer	
tu	préfères	tu	as	préféré	tu	vas	préférer	
il/elle/on	préfère	il/elle/on‿	a	préféré	il/elle/on	va	préférer	
nous	préférons	nous‿	avons	préféré	nous‿	allons	préférer	
vous	préférez	vous‿	avez	préféré	vous‿	allez	préférer	
ils/elles	préfèrent	ils/elles‿	ont	préféré	ils/elles‿	vont	préférer	
Imparfait					**Impératif**			
je	préférais	nous	préférions		–			
tu	préférais	vous	préfériez		–			
il/elle/on	préférait	ils/elles	préféraient		–			
Futur simple		**Conditionnel**			**Subjonctif**			
je	préférerai	je	préférerais		que	je	préfère	
tu	préféreras	tu	préférerais		que	tu	préfères	
il/elle/on	préférera	il/elle/on	préférerait		qu’	il/elle/on	préfère	
nous	préférerons	nous	préférerions		que	nous	préférions	
vous	préférerez	vous	préféreriez		que	vous	préfériez	
ils/elles	préféreront	ils/elles	préféreraient		qu’	ils/elles	préfèrent	

Ebenso: **accélérer** (beschleunigen), **régler** (regeln), **compléter** (vervollständigen), **répéter** (wiederholen).

2. Verben auf *-dre: -s, -s, -d, -ons, -ez, -ent*

2 attendre (warten) — TE II 3A

Présent

j'	attends
tu	attends
il/elle/on‿	atten**d**
nous‿	atten**dons**
vous‿	atten**dez**
ils/elles‿	atten**dent**

Passé composé

j'	ai	attendu
tu	as	attendu
il/elle/on‿	a	attendu
nous‿	avons	attendu
vous‿	avez	attendu
ils/elles‿	ont	attendu

Futur composé

je	vais	attendre
tu	vas	attendre
il/elle/on	va	attendre
nous‿	allons	attendre
vous‿	allez	attendre
ils/elles	vont	attendre

Imparfait

j'	**attendais**	nous‿	attendions
tu	attendais	vous‿	attendiez
il/elle/on‿	attendait	ils/elles‿	attendaient

Impératif

Attends.
Attendons.
Attendez.

Futur simple

j'	**attendrai**
tu	attendr**as**
il/elle/on	attendr**a**
nous	attendr**ons**
vous	attendr**ez**
ils/elles	attendr**ont**

Conditionnel

j'	**attendrais**
tu	attendr**ais**
il/elle/on	attendr**ait**
nous	attendr**ions**
vous	attendr**iez**
ils/elles	attendr**aient**

Subjonctif

que	j'	**attende**
que	tu	attend**es**
qu'	il/elle/on	attend**e**
que	nous	attend**ions**
que	vous	attend**iez**
qu'	ils/elles	attend**ent**

Ebenso: **entendre** (hören), **perdre** (verlieren), **répondre** (antworten), **vendre** (verkaufen)

3. Verben auf *-ir: -s, -s, -t, -ons, -ez, -ent*

3a partir (weggehen) — TE III 3A

Présent		**Passé composé**		**Futur composé**		
je	**pars**	je	suis parti(e)	je	vais	partir
tu	pars	tu	es parti(e)	tu	vas	partir
il/elle/on	part	il/elle/on‿	est parti(e)	il/elle/on	va	partir
nous	**partons**	nous	sommes parti(e)s	nous‿	allons	partir
vous	partez	vous‿	êtes parti(e)s	vous‿	allez	partir
ils/elles	partent	ils/elles	sont parti(e)s	ils/elles	vont	partir

Imparfait				**Impératif**
je	part**ais**	nous	part**ions**	Pars.
tu	part**ais**	vous	part**iez**	Partons.
il/elle/on	part**ait**	ils/elles	part**aient**	Partez.

Futur simple		**Conditionnel**		**Subjonctif**		
je	partir**ai**	je	partir**ais**	que	je	part**e**
tu	partir**as**	tu	partir**ais**	que	tu	part**es**
il/elle/on	partir**a**	il/elle/on	partir**ait**	qu'	il/elle/on	part**e**
nous	partir**ons**	nous	partir**ions**	que	nous	part**ions**
vous	partir**ez**	vous	partir**iez**	que	vous	part**iez**
ils/elles	partir**ont**	ils/elles	partir**aient**	qu'	ils/elles	part**ent**

Ebenso: dormir (schlafen), **servir** (servieren), **sortir** (ausgehen); **dormir** und **servir** bilden aber das *Passé composé* mit **avoir**. **Beachte:** Das *Participe passé* von **parcourir** ist **parcouru**, die Formen des *Futur simple* und des *Conditionnel* werden anders gebildet: je **parcourrai** (*Futur simple*), je **parcourrais** (*Conditionnel*) …

Verben auf -ir mit Stamm-Erweiterung

3b finir (beenden) TE III 4A

Présent		Passé composé			Futur composé		
je	**finis**	j'	ai	fini	je	vais	finir
tu	finis	tu	as	fini	tu	vas	finir
il/elle/on	finit	il/elle/on‿	a	fini	il/elle/on	va	finir
nous	**finissons**	nous‿	avons	fini	nous‿	allons	finir
vous	finissez	vous‿	avez	fini	vous‿	allez	finir
ils/elles	finissent	ils/elles‿	ont	fini	ils/elles	vont	finir

Imparfait				Impératif
je	**finissais**	nous	finissions	Finis.
tu	finissais	vous	finissiez	Finissons.
il/elle/on	finissait	ils/elles	finissaient	Finissez.

Futur simple		Conditionnel		Subjonctif		
je	**finirai**	je	**finirais**	que	je	finisse
tu	fini**ras**	tu	fini**rais**	que	tu	finisses
il/elle/on	fini**ra**	il/elle/on	fini**rait**	qu'	il/elle/on	finisse
nous	fini**rons**	nous	fini**rions**	que	nous	finissions
vous	fini**rez**	vous	fini**riez**	que	vous	finissiez
ils/elles	fini**ront**	ils/elles	fini**raient**	qu'	ils/elles	finiss**ent**

Ebenso: **choisir** (auswählen), **réagir** (reagieren), **refroidir** (abkühlen), **remplir** (füllen)

4. Reflexive Verben

4 s'occuper de (sich kümmern um)								TE III 2A
Présent			**Passé composé**			**Futur composé**		
je	m'	occupe	je	me suis	occupé(e)	je	vais	m'occuper
tu	t'	occupes	tu	t'es	occupé(e)	tu	vas	t'occuper
il/elle/on	s'	occupe	il/elle/on	s'est	occupé(e)	il/elle/on	va	s'occuper
nous	nous‿	occupons	nous	nous sommes	occupé(e)s	nous‿	allons	nous‿ occuper
vous	vous‿	occupez	vous	vous êtes	occupé(e)s	vous‿	allez	vous‿ occuper
ils/elles	s'	occupent	ils/elles	se sont	occupé(e)s	ils/elles	vont	s'occuper
Imparfait						**Impératif**		
je	**m'**	**occupais**	nous	nous‿	occupions	Occupe-toi.		
tu	t'	occupais	vous	vous‿	occupiez	Occupons-nous.		
il/elle/on	s'	occupait	ils/elles	s'	occupaient	Occupez-vous.		
Futur simple			**Conditionnel**			**Subjonctif**		
je	m'	**occuperai**	je	m'	**occuperais**	que	je	m'occup**e**
tu	t'	occuper**as**	tu	t'	occuper**ais**	que	tu	t'occup**es**
il	s'	occuper**a**	il	s'	occuper**ait**	qu'	il/elle/on	s'occup**e**
nous	nous‿	occuper**ons**	nous	nous‿	occuper**ions**	que	nous	nous‿ occup**ions**
vous	vous‿	occuper**ez**	vous	vous‿	occuper**iez**	que	vous	vous‿occup**iez**
ils/elles	s'	occuper**ont**	ils/elles	s'	occuper**aient**	qu'	ils/elles	s'occup**ent**

Ebenso: se débrouiller (zurechtkommen), **se réveiller** (aufwachen), **s'habiller** (sich anziehen), **se maquiller** (sich schminken), **se coucher** (ins Bett gehen, schlafen gehen), **s'habituer** (sich gewöhnen), **se reposer** (sich ausruhen)

Beachte: Die reflexiven Verben bilden das *Passé composé* immer mit **être**.

5. Unregelmäßige Verben

5 être (sein)							TE I 4A
Présent		**Passé composé**			**Futur composé**		
je	**suis**	j'	ai	été	je	vais	être
tu	**es**	tu	as	été	tu	vas	être
il/elle/on‿	**est**	il/elle/on‿	a	été	il/elle/on	va	être
nous	**sommes**	nous‿	avons	été	nous‿	allons	être
vous‿	**êtes**	vous‿	avez	été	vous‿	allez	être
ils/elles	**sont**	ils/elles‿	ont	été	ils/elles	vont	être
		Imparfait			**Impératif**		
j'	**étais**	nous‿	**étions**		**Sois.**		
tu	étais	vous‿	**étiez**		**Soyons.**		
il/elle/on‿	était	ils/elles‿	étaient		**Soyez.**		
Futur simple		**Conditionnel**			**Subjonctif**		
je	**serai**	je	**serais**		que	je	**sois**
tu	**seras**	tu	**serais**		que	tu	**sois**
il/elle/on	**sera**	il/elle/on	**serait**		qu'	il/elle/on	**soit**
nous	**serons**	nous	**serions**		que	nous	**soyons**
vous	**serez**	vous	**seriez**		que	vous	**soyez**
ils/elles	**seront**	ils/elles	**seraient**		qu'	ils/elles	**soient**

6 **avoir** (haben) — TE I 2B

Présent		Passé composé			Futur composé		
j'	**ai**	j'	ai	eu	je	vais	avoir
tu	**as**	tu	as	eu	tu	vas	avoir
il/elle/on‿	**a**	il/elle/on‿	a	eu	il/elle/on	va	avoir
nous‿	**avons**	nous‿	avons	eu	nous‿	allons	avoir
vous‿	**avez**	vous‿	avez	eu	vous‿	allez	avoir
ils/elles‿	**ont**	ils/elles‿	ont	eu	ils/elles	vont	avoir

Imparfait				Impératif
j'	**avais**	nous‿	avions	**Aie.**
tu	avais	vous‿	aviez	**Ayons.**
il/elle/on‿	avait	ils/elles‿	avaient	**Ayez.**

Futur simple		Conditionnel		Subjonctif		
j'	**aurai**	j'	**aurais**	que	j'	**aie**
tu	**auras**	tu	**aurais**	que	tu	**aies**
il/elle/on	**aura**	il/elle/on‿	**aurait**	qu'	il/elle/on‿	**ait**
nous	**aurons**	nous‿	**aurions**	que	nous‿	**ayons**
vous	**aurez**	vous‿	**auriez**	que	vous‿	**ayez**
ils/elles	**auront**	ils/elles‿	**auraient**	qu'	ils/elles‿	**aient**

7 faire (machen) TE I 6A

Présent		Passé composé			Futur composé		
je	fais	j'	ai	fait	je	vais	faire
tu	fais	tu	as	fait	tu	vas	faire
il/elle/on	fait	il/elle/on‿	a	fait	il/elle/on	va	faire
nous	**faisons**	nous‿	avons	fait	nous‿	allons	faire
vous	**faites**	vous‿	avez	fait	vous‿	allez	faire
ils/elles	**font**	ils/elles‿	ont	fait	ils/elles	vont	faire

Imparfait				Impératif
je	**faisais**	nous	**faisions**	Fais.
tu	**faisais**	vous	**faisiez**	Faisons.
il/elle/on	**faisait**	ils/elles	**faisaient**	Faites.

Futur simple		Conditionnel		Subjonctif		
je	**ferai**	je	**ferais**	que	je	**fasse**
tu	**feras**	tu	**ferais**	que	tu	**fasses**
il/elle/on	**fera**	il/elle/on	**ferait**	qu'	il/elle/on	**fasse**
nous	**ferons**	nous	**ferions**	que	nous	**fassions**
vous	**ferez**	vous	**feriez**	que	vous	**fassiez**
ils/elles	**feront**	ils/elles	**feraient**	qu'	ils/elles	**fassent**

8 aller (gehen) TE I 5A

Présent		Passé composé			Futur composé		
je	**vais**	je	suis	allé(e)	je	vais	aller
tu	**vas**	tu	es	allé(e)	tu	vas	aller
il/elle/on	**va**	il/elle/on‿	est	allé(e)	il/elle/on	va	aller
nous‿	**allons**	nous	sommes	allé(e)s	nous‿	allons	aller
vous‿	**allez**	vous‿	êtes	allé(e)s	vous‿	allez	aller
ils/elles	**vont**	ils/elles	sont	allé(e)s	ils/elles	vont	aller

Imparfait				Impératif
j'	**allais**	nous‿	allions	Va.
tu	allais	vous‿	alliez	Allons.
il/elle/on‿	allait	ils/elles‿	allaient	Allez.

Futur simple		Conditionnel		Subjonctif		
j'	**irai**	j'	**irais**	que	j'	**aille**
tu	**iras**	tu	**irais**	que	tu	**ailles**
il/elle/on	**ira**	il/elle/on‿	**irait**	qu'	il/elle/on‿	**aille**
nous	**irons**	nous‿	**irions**	que	nous‿	all**ions**
vous	**irez**	vous‿	**iriez**	que	vous‿	all**iez**
ils/elles	**iront**	ils/elles‿	**iraient**	qu'	ils/elles‿	**aillent**

Beachte: aller bildet das *Passé composé* mit **être**.

9 **prendre** (nehmen) TE II 4A

Présent		**Passé composé**			**Futur composé**		
je	prends	j'	ai	pris	je	vais	prendre
tu	prends	tu	as	pris	tu	vas	prendre
il/elle/on	pren**d**	il/elle/on‿	a	pris	il/elle/on	va	prendre
nous	prenons	nous‿	avons	pris	nous‿	allons	prendre
vous	prenez	vous‿	avez	pris	vous‿	allez	prendre
ils/elles	pren**n**ent	ils/elles‿	ont	pris	ils/elles	vont	prendre

Imparfait				**Impératif**
je	**prenais**	nous	prenions	Prends.
tu	prenais	vous	preniez	Prenons.
il/elle/on	prenait	ils/elles	prenaient	Prenez.

Futur simple		**Conditionnel**		**Subjonctif**		
je	prendr**ai**	je	prendr**ais**	que	je	**prenne**
nous	prendr**ons**	nous	prendr**ions**	que	nous	pren**ions**
ils/elles	prendr**ont**	ils/elles	prendr**aient**	qu'	ils/elles	**prennent**

Ebenso: **apprendre** (lernen), **comprendre** (verstehen), **entreprendre** (unternehmen, beauftragen)

10 mettre (setzen) — TE II 1A

Présent		Passé composé			Futur composé		
je	mets	j'	ai	mis	je	vais	mettre
tu	mets	tu	as	mis	tu	vas	mettre
il/elle/on	met	il/elle/on‿	a	mis	il/elle/on	va	mettre
nous	mettons	nous‿	avons	mis	nous‿	allons	mettre
vous	mettez	vous‿	avez	mis	vous‿	allez	mettre
ils/elles	mettent	ils/elles‿	ont	mis	ils/elles	vont	mettre

Imparfait				Impératif
je	mettais	nous	mettions	Mets.
tu	mettais	vous	mettiez	Mettons.
il/elle/on	mettait	ils/elles	mettaient	Mettez.

Futur simple		Conditionnel		Subjonctif		
je	mettrai	je	mettrais	que	je	mette
nous	mettrons	nous	mettrions	que	nous	mettions
ils/elles	mettront	ils/elles	mettraient	qu'	ils/elles	mettent

11 vouloir (wollen)								TE II 5A
Présent			**Passé composé**			**Futur composé**		
je	**veux**		j’	ai	voulu	je	vais	vouloir
tu	**veux**		tu	as	voulu	tu	vas	vouloir
il/elle/on	**veut**		il/elle/on‿	a	voulu	il/elle/on	va	vouloir
nous	voul**ons**		nous‿	avons	voulu	nous‿	allons	vouloir
vous	voul**ez**		vous‿	avez	voulu	vous‿	allez	vouloir
ils/elles	**veulent**		ils/elles‿	ont	voulu	ils/elles	vont	vouloir
Imparfait						**Impératif**		
je	**voulais**		nous	voulions		**Veuille.**		
tu	voulais		vous	vouliez		–		
il/elle/on	voulait		ils/elles	voulaient		**Veuillez.**		
Futur simple			**Conditionnel**			**Subjonctif**		
je	**voudrai**		je	**voudrais**		que	je	**veuille**
nous	**voudrons**		nous	**voudrions**		que	nous	voulions
ils/elles	**voudront**		ils/elles	**voudraient**		qu’	ils/elles	**veuillent**

12 **pouvoir** (können) — TE II 5A

Présent

je	**peux**
tu	**peux**
il/elle/on	**peut**
nous	pouv**ons**
vous	pouv**ez**
ils/elles	**peuvent**

Passé composé

j’	ai	**pu**
tu	as	**pu**
il/elle/on‿	a	**pu**
nous‿	avons	**pu**
vous‿	avez	**pu**
ils/elles‿	ont	**pu**

Futur composé

je	vais	pouvoir
tu	vas	pouvoir
il/elle/on	va	pouvoir
nous‿	allons	pouvoir
vous‿	allez	pouvoir
ils/elles	vont	pouvoir

Imparfait

je	**pouvais**	nous	pouvions
tu	pouvais	vous	pouviez
il/elle/on	pouvait	ils/elles	pouvaient

Impératif

–

Futur simple

je	**pourrai**
nous	**pourrons**
ils/elles	**pourront**

Conditionnel

je	**pourrais**
nous	**pourrions**
ils/elles	**pourraient**

Subjonctif

que	je	**puisse**
que	nous	**puissions**
qu’	ils/elles	**puissent**

13 venir (kommen) — TE II 2A

Présent		**Passé composé**			**Futur composé**		
je	**viens**	je	**suis**	venu(e)	je	vais	venir
tu	**viens**	tu	**es**	venu(e)	tu	vas	venir
il/elle/on	**vient**	il	**est**	venu	il/elle/on	va	venir
nous	ven**ons**	elle	**est**	venue	nous‿	allons	venir
vous	ven**ez**	on‿	**est**	venu(e)(s)	vous‿	allez	venir
ils/elles	**viennent**	nous	**sommes**	venu(e)s	ils/elles	vont	venir
		vous‿	**êtes**	venu(e)s			
		ils	**sont**	venus			
		elles	**sont**	venues			

Imparfait				**Impératif**
je	**venais**	nous	venions	**Viens.**
tu	venais	vous	veniez	Ven**ons**.
il/elle/on	venait	ils/elles	venaient	Ven**ez**.

Futur simple		**Conditionnel**		**Subjonctif**		
je	**viendrai**	je	**viendrais**	que	je	**vienne**
nous	**viendrons**	nous	**viendrions**	que	nous	venions
ils/elles	**viendront**	ils/elles	**viendraient**	qu'	ils/elles	**viennent**

Ebenso: revenir (zurückkommen)

Beachte: Das Verb **tenir**, von dem du bisher lediglich lexikalisch die Form **Tiens**. (Sieh mal einer an.) kennst, wird konjugiert wie **venir**, bildet aber das *Passé composé* mit **avoir**.

14 connaître (kennen)								TE II 5A
Présent		**Passé composé**			**Futur composé**			
je	connais	j’	ai	**connu**	je	vais	connaître	
tu	connais	tu	as	**connu**	tu	vas	connaître	
il/elle/on	connaît	il/elle/on‿	a	**connu**	il/elle/on	va	connaître	
nous	connaissons	nous‿	avons	**connu**	nous‿	allons	connaître	
vous	connaissez	vous‿	avez	**connu**	vous‿	allez	connaître	
ils/elles	connaissent	ils/elles‿	ont	**connu**	ils/elles	vont	connaître	
Imparfait					**Impératif**			
je	**connaissais**	nous	connaissions		Connais.			
tu	connaissais	vous	connaissiez		Connaissons.			
il/elle/on	connaissait	ils/elles	connaissaient		Connaissez.			
Futur simple		**Conditionnel**			**Subjonctif**			
je	connaîtrai	je	connaîtrais		que	je	connaisse	
nous	connaîtrons	nous	connaîtrions		que	nous	connaissions	
ils/elles	connaîtront	ils/elles	connaîtraient		qu’	ils/elles	connaissent	

Das Verb **naître** (geboren werden) wird wie **connaître** konjugiert. Sein *Participe passé* ist aber **né**, das *Passé composé* wird mit **être** gebildet.

15 écrire (schreiben) TE III 4A

Présent		Passé composé			Futur composé		
j’	**écris**	j’	ai	écrit	je	vais	écrire
tu	écris	tu	as	écrit	tu	vas	écrire
il/elle/on‿	écrit	il/elle/on‿	a	écrit	il/elle/on	va	écrire
nous‿	**écrivons**	nous‿	avons	écrit	nous‿	allons	écrire
vous‿	écrivez	vous‿	avez	écrit	vous‿	allez	écrire
ils/elles‿	écrivent	ils/elles‿	ont	écrit	ils/elles	vont	écrire

Imparfait				Impératif
j’	**écrivais**	nous‿	écrivions	Ecris.
tu	écrivais	vous‿	écriviez	Ecrivons.
il/elle/on‿	écrivait	ils/elles‿	écrivaient	Ecrivez.

Futur simple		Conditionnel		Subjonctif		
j’	écrir**ai**	j’	écrir**ais**	que	j’	écriv**e**
nous	écrir**ons**	nous‿	écrir**ions**	que	nous‿	écriv**ions**
ils/elles	écrir**ont**	ils/elles‿	écrir**aient**	qu’	ils/elles‿	écriv**ent**

Beachte: lire (lesen), **dire** (sagen) und **traduire** (übersetzen) werden wie **écrire** konjugiert; wo die Form von **écrire** jedoch ein **v** enthält, steht bei diesen Verben ein **s**, z. B. nous **lisons**. Das *Participe passé* von **lire** ist **lu**. Die 2. Person Plural im Präsens von **dire** ist vous **dites**.

16 **offrir** (anbieten) — TE III 4A

Présent		**Passé composé**			**Futur composé**		
j'	**offre**	j'	ai	**offert**	je	vais	offrir
tu	offres	tu	as	offert	tu	vas	offrir
il/elle/on‿	offre	il/elle/on‿	a	offert	il/elle/on	va	offrir
nous‿	**offrons**	nous‿	avons	offert	nous‿	allons	offrir
vous‿	offrez	vous‿	avez	offert	vous‿	allez	offrir
ils/elles‿	offrent	ils/elles‿	ont	offert	ils/elles	vont	offrir

Imparfait				**Impératif**
j'	**offrais**	nous‿	offr**i**ons	Offre.
tu	offrais	vous‿	offr**i**ez	Offrons.
il/elle/on‿	offrait	ils/elles‿	offraient	Offrez.

Futur simple		**Conditionnel**		**Subjonctif**		
j'	offrir**ai**	j'	offrir**ais**	que	j'	offr**e**
nous	offrir**ons**	nous‿	offrir**ions**	que	nous‿	offr**ions**
ils/elles	offrir**ont**	ils/elles‿	offrir**aient**	qu'	ils/elles‿	offr**ent**

Ebenso: **ouvrir** (öffnen, eröffnen), **découvrir** (entdecken)

17 boire (trinken)					TE II 5A		
Présent		**Passé composé**			**Futur composé**		
je	**bois**	j’	ai	**bu**	je	vais	boire
tu	**bois**	tu	as	**bu**	tu	vas	boire
il/elle/on	**boit**	il/elle/on‿	a	**bu**	il/elle/on	va	boire
nous	buv**ons**	nous‿	avons	**bu**	nous‿	allons	boire
vous	buv**ez**	vous‿	avez	**bu**	vous‿	allez	boire
ils/elles	boi**vent**	ils‿/ elles‿	ont	**bu**	ils/elles	vont	boire
Imparfait					**Impératif**		
je	buvais	nous	buvions		Bois.		
tu	buvais	vous	buviez		Buv**ons**.		
il/elle/on	buvait	ils/elles	buvaient		Buv**ez**.		
Futur simple		**Conditionnel**			**Subjonctif**		
je	boir**ai**	je	boir**ais**		que	je	**boive**
nous	boir**ons**	nous	boir**ions**		que	nous	buv**ions**
ils/elles	boir**ont**	ils/elles	boir**aient**		qu’	ils/elles	**boivent**

18 devoir (müssen, sollen) TE III 2A

Présent		**Passé composé**			**Futur composé**		
je	**dois**	j'	ai	**dû**	je	vais	devoir
tu	dois	tu	as	dû	tu	vas	devoir
il/elle/on	doit	il/elle/on‿	a	dû	il/elle/on	va	devoir
nous	**devons**	nous‿	avons	dû	nous‿	allons	devoir
vous	devez	vous‿	avez	dû	vous‿	allez	devoir
ils/elles	**doivent**	ils/elles‿	ont	dû	ils/elles	vont	devoir

Imparfait				**Impératif**
je	**devais**	nous	devions	
tu	devais	vous	deviez	
il/elle/on	devait	ils/elles	devaient	

Futur simple		**Conditionnel**		**Subjonctif**		
je	devr**ai**	je	devr**ais**	que	je	**doive**
nous	devr**ons**	nous	devr**ions**	que	nous	**devions**
ils/elles	devr**ont**	ils/elles	devr**aient**	qu'	ils/elles	**doivent**

19 **recevoir** (erhalten) — TE III 1A

Présent		**Passé composé**			**Futur composé**		
je	reç**ois**	j’	ai	reçu	je	vais	recevoir
tu	reç**ois**	tu	as	reçu	tu	vas	recevoir
il/elle/on	reç**oit**	il/elle/on‿	a	reçu	il/elle/on	va	recevoir
nous	recevons	nous‿	avons	reçu	nous‿	allons	recevoir
vous	recevez	vous‿	avez	reçu	vous‿	allez	recevoir
ils/elles	reç**oivent**	ils/elles‿	ont	reçu	ils/elles	vont	recevoir

Imparfait				**Impératif**
je	recevais	nous	recevions	Reçois.
tu	recevais	vous	receviez	Recevons.
il/elle/on	recevait	ils/elles	recevaient	Recevez.

Futur simple		**Conditionnel**		**Subjonctif**		
je	recevr**ai**	je	recevr**ais**	que	je	**reçoive**
nous	recevr**ons**	nous	recevr**ions**	que	nous	recev**ions**
ils/elles	recevr**ont**	ils/elles	recevr**aient**	qu’	ils/elles	**reçoivent**

20 savoir (wissen/können)								TE IV 4A
Présent		**Passé composé**			**Futur composé**			
je	sais	j’	ai	**su**	je	vais	savoir	
tu	sais	tu	as	**su**	tu	vas	savoir	
il/elle/on	**sait**	il/elle/on	a	**su**	il/elle/on	va	savoir	
nous	savons	nous‿	avons	**su**	nous‿	allons	savoir	
vous	savez	vous‿	avez	**su**	vous‿	allez	savoir	
ils/elles	savent	ils/elles	ont	**su**	ils/elles	vont	savoir	
Imparfait					**Impératif**			
je	savais	nous	savions		**Sache.**			
tu	savais	vous	saviez		**Sachons.**			
il/elle/on	savait	ils/elles	savaient		**Sachez.**			
Futur simple		**Conditionnel**			**Subjonctif**			
je	**saurai**	je	saur**ais**		que	je	**sache**	
nous	**saurons**	nous	saur**ions**		que	nous	**sachions**	
ils/elles	**sauront**	ils/elles	saur**aient**		qu’	ils/elles	**sachent**	

21 **vivre** (leben) TE IV 1A

Présent		**Passé composé**			**Futur composé**		
je	vis	j'	ai	**vécu**	je	vais	vivre
tu	vis	tu	as	**vécu**	tu	vas	vivre
il/elle/on	vit	il/elle/on	a	**vécu**	il/elle/on	va	vivre
nous	vivons	nous‿	avons	**vécu**	nous‿	allons	vivre
vous	vivez	vous‿	avez	**vécu**	vous‿	allez	vivre
ils/elles	vivent	ils/elles	ont	**vécu**	ils/elles	vont	vivre

Imparfait				**Impératif**
je	vivais	nous	vivions	Vis.
tu	vivais	vous	viviez	Vivons.
il/elle/on	vivait	ils/elles	vivaient	Vivez.

Futur simple		**Conditionnel**		**Subjonctif**		
je	vivr**ai**	je	vivr**ais**	que	je	viv**e**
nous	vivr**ons**	nous	vivr**ions**	que	nous	viv**ions**
ils/elles	vivr**ont**	ils/elles	vivr**aient**	qu'	ils/elles	viv**ent**

suivre (folgen) wird wie **vivre** konjugiert, sein *Participe passé* ist jedoch **suivi**.

22 **voir** (sehen) — TE III 3A

Présent		**Passé composé**			**Futur composé**		
je	vois	j’	ai	**vu**	je	vais	voir
tu	vois	tu	as	**vu**	tu	vas	voir
il/elle/on	voit	il/elle/on	a	**vu**	il/elle/on	va	voir
nous	voyons	nous‿	avons	**vu**	nous‿	allons	voir
vous	voyez	vous‿	avez	**vu**	vous‿	allez	voir
ils/elles	voient	ils/elles	ont	**vu**	ils/elles	vont	voir

Imparfait				**Impératif**
je	voyais	nous	voyions	Vois.
tu	voyais	vous	voyiez	Voyons.
il/elle/on	voyait	ils/elles	voyaient	Voyez.

Futur simple		**Conditionnel**		**Subjonctif**		
je	verrai	je	verrais	que	je	voie
nous	verrons	nous	verrions	que	nous	voyions
ils/elles	verront	ils/elles	verraient	qu’	ils/elles	voient

Verbenliste

A

			N° *
accélérer	beschleunigen	III 2 A	**1g**
il/elle accueille	er/sie empfängt; *hier:* er/sie begrüßt	III 4 A	
acheter qc	etw. kaufen	II 1 AP	**1c**
admirer	bewundern	IV 3 AP	**1a**
adorer	(sehr) lieben; am liebsten haben; mögen	I 3 A	**1a**
aider qn	jdm. helfen	II 5 A	**1a**
aimer	mögen; lieben	I 3 A	**1a**
aimer faire rire qn	jdn. gern zum Lachen bringen	IV 2 AP	**1a**
j'aimerais (faire qc)	ich würde gern (etw. tun)	III 2 AP	**1a**
Il aimerait en manger.	Er würde gern etwas davon essen.	IV 3 A	**1a**
J'aimerais qu'on fasse …	Ich würde gern … machen.	IV 4 A	**1a**
ajouter	hinzufügen	III 4 A	**1a**
aller	gehen; fahren	I 5 A	**8**
Avant d'aller à la messe …	Bevor er zur Messe ging, …	IV 3 AP	**8**
aller chercher	holen	III 2 A	**8**
allumer qc	etw. einschalten; anzünden	II 2 A IV 1 A	**1a;** **1a**
La radio est allumée.	Das Radio ist eingeschaltet.	IV 1 A	**1a**
s'amuser	sich vergnügen, sich amüsieren	IV 3 AP	**4**
appeler qc	etw. nennen	IV 3 A	**1b**
s'appeler	heißen	I 1 AP	**1b**
apporter	(mit)bringen	I 4 B	**1a**
apprendre	lernen	III 3 A	**2**
arriver	(an)kommen	I 3 C	**1a**
arriver à (faire)	es schaffen, zu (tun)	III 2 A	**1a**
assister à qc	an etw. teilnehmen	IV 3 AP	**1a**

* Diese Nummer bezeichnet die Verbkategorie.

attendre qn/qc	auf jdn./etw. warten	II	3	A	**2**
attirer	anziehen	IV	4	AP	**1a**
avoir	haben	I	2	B	**6**
avoir la forme de	die Form haben von	IV	1	AP	**6**
Le train a du retard?	Hat der Zug Verspätung?	IV	4	A	**6**
il y a	es gibt	I	3	A	**6**

B

boire qc	etw. trinken	II	5	A	**17**
bouger	(sich) bewegen	II	1	A	**1d**

C

caresser qn/qc	jdn./etw. streicheln	II	5	A	**1a**
changer	ändern; (sich) verändern	III	1	A	**1d**
chanter	singen	I	3	B	**1a**
charger	einladen; beladen	III	5	A	**1d**
chatter	chatten	II	2	A	**1a**
chercher	suchen	I	3	B	**1a**
choisir	wählen; aussuchen	III	4	A	**3b**
cliquer sur qc	auf etw. klicken	II	2	A	**1a**
coloniser	kolonisieren	IV	0		**1a**
commander	bestellen	II	1	A	**1a**
commencer	anfangen; beginnen	II	2	A	**1e**
composer	komponieren	IV	3	AP	**1a**
comprendre	verstehen	III	1	A	**9**
compter	zählen	II	5	A	**1a**
en ce qui concerne …	was … betrifft	IV	4	A	**1a**
confirmer qc	etw. bestätigen	II	2	A	**1a**
j'ai confondu	ich habe verwechselt	III	3	A	**2**
connaître qn/qc	jdn./etw. kennen(lernen)	II	5	A	**14**
consulter	*hier:* anschauen	IV	1	A	**1a**
continuer	weitergehen; weitermachen; fortfahren	IV	2	A	**1a**
contrôler qc	etw. kontrollieren	II	4	A	**1a**
copier	kopieren; *hier:* nachahmen	IV	3	AP	**1a**
correspondre à qc	etw. entsprechen	IV	1	A	**2**
se coucher	ins Bett gehen, schlafen gehen	IV	3	A	**4**

couper le gaz	das Gas abstellen	IV	1	A	**1a**
créer	schaffen; gründen	IV	2	AP	**1a**
crier	schreien	IV	3	A	**1a**
cultiver	anbauen	IV	1	AP	**1a**

D

danser	tanzen	I	3	B	**1a**
débarrasser (la table)	(den Tisch) abräumen	III	4	A	**1a**
décharger	entladen	III	5	A	**1d**
décider (de faire qc)	entscheiden (etw. zu tun)	IV	2	A	**1a**
décorer	schmücken; verzieren	IV	3	AP	**1a**
découvrir	entdecken	III	2	AP	**16**
demander qc à qn	jdn. (nach) etw. fragen	II	3	A	**1a**
démarrer	starten (*Auto/Motorrad*)	III	2	A	**1a**
déménager	umziehen	III	4	A	**1d**
se déplacer	sich fortbewegen	IV	4	A	**1e**
vite se déplacer	schnell zur Seite gehen	IV	3	A	**1e**
détester	(überhaupt) nicht mögen; hassen	I	3	A	**1a**
Des colonies françaises sont devenues des DROM.	Französische Kolonien sind Überseedepartements geworden.	IV	0		**13**
devenir	werden	IV	1	A	**13**
devoir (faire)	(tun) müssen	III	2	A	**18**
dire	sagen	III	1	A	**15**
discuter	sich unterhalten; diskutieren	III	1	AP	**1a**
donner qc à qn	jdm. etw. geben	II	2	A	**1a**
dormir	schlafen	III	3	A	**3a**

E

écouter	zuhören	I	6	B	**1a**
écrire	schreiben	III	4	A	**15**
effacer	löschen	III	1	A	**1e**
émigrer	auswandern	IV	2	A	**1a**
Le cyclone a tout emporté.	Der Zyklon hat alles mitgerissen.	IV	1	A	**1a**

emporter	mitnehmen	IV	1	A	**1a**
enlever	ausziehen; abnehmen	III	2	A	**1c**
enregistrer	aufnehmen	IV	2	AP	**1a**
entendre	hören	III	5	A	**2**
entreprendre	unternehmen; *hier:* beauftragen	IV	3	AP	**9**
entrer	eintreten; betreten; hereinkommen	I	6	B	**1a**
envoyer qc à qn	jdm. etw. schicken	III	1	A	**1f**
épouser	heiraten	IV	2	A	**1a**
essayer de faire qc	versuchen, etw. zu tun	III	2	A	**1f**
être	sein	I	4	A	**5**
être assis(e)	sitzen	IV	3	A	**5**
être debout	stehen	IV	3	A	**5**
être situé(e) entre ... et ...	zwischen ... und ... liegen	IV	4	AP	**5**
être valable	gelten	IV	4	AP	**5**
expliquer qc à qn	jdm. etw. erklären	II	5	A	**1a**

F

faire	machen	I	6	A	**7**
faire carrière	Karriere machen	IV	2	AP	**7**
faire carrière en tant que ...	Karriere als ... machen	IV	2	AP	**7**
faire faire qc	etw. machen lassen	IV	3	AP	**7**
faire le plein	volltanken	IV	1	A	**7**
faire partie de	ein Teil sein von; gehören zu	IV	0		**7**
faire venir qn	jdn. kommen lassen	IV	2	AP	**7**
Il fait décorer les portes.	Er lässt die Türen verzieren.	IV	3	AP	**7**
fasciner	begeistern, faszinieren	II	5	AP	**1a**
Il faut ...	Wir müssen ...	II	4	A	**lex.**
il faut que	man muss; es ist nötig, dass	IV	4	A	**lex.**
fermer	schließen	II	1	A	**1a**
Il est fermé./Elle est fermée.	Er/Sie/Es ist geschlossen/ zu.	IV	4	A	**1a**

fêter	feiern	IV	1	AP	**1a**
finir	beenden; aufhören mit	III	4	A	**3b**
fonder	gründen	IV	2	A	**1a**
frapper	klopfen	I	6	B	**1a**
freiner	bremsen	III	2	A	**1a**
G					
gagner	gewinnen	I	4	B	**1a**
garder	behalten; aufbewahren	III	1	A	**1a**
goûter	probieren; kosten	III	4	A	**1a**
gouverner	regieren	IV	3	AP	**1a**
grandir	aufwachsen	IV	2	AP	**3b**
H					
(s')habiller	(sich) anziehen	IV	3	AP	**4**
habiter	wohnen	I	5	A	**1a**
s'habituer à qn/qc	sich an jdn./etw. gewöhnen	IV	3	A	**4**
halluciner	halluzinieren; spinnen	I	5	A	**1a**
I					
ignorer	ignorieren; unbeachtet lassen	III	1	A	**1a**
improviser	improvisieren	IV	2	AP	**1a**
interviewer	interviewen	IV	4	A	**1a**
inviter	einladen	I	6	A	**1a**
J					
jongler	jonglieren	I	5	A	**1a**
jouer	spielen	I	3	B	**1a**
jouer au billard	Billard spielen	IV	3	AP	**1a**
L					
lâcher	loslassen	III	2	A	**1a**
se lever	aufstehen	IV	3	AP	**1c**
lire	lesen	III	4	A	**15**
M					
manger qc	etw. essen	II	2	A	**1d**
manquer	verpassen; versäumen	III	2	A	**1a**

(se) maquiller	(sich) schminken	IV	3	AP	**4**
marcher	gehen; laufen	III	2	A	**1a**
marquer	*hier:* prägen	IV	3	AP	**1a**
mettre	setzen; stellen; legen; hineintun; anziehen	II	1	A	**10**
se mettre du gel dans les cheveux	sich die Haare gelen	IV	3	A	**10**
se mettre une perruque	sich eine Perücke aufsetzen	IV	3	A	**10**
monter qc	etw. aufbauen; aufstellen	II	5	A	**1a**
monter sur	steigen auf	III	2	A	**1a**
montrer qc à qn	jdm. etw. zeigen	II	2	A	**1a**
sans devoir montrer ses papiers	ohne seinen Ausweis zeigen zu müssen	IV	4	AP	**1a**
N					
nager	schwimmen	I	6	B	**1d**
naître	geboren werden	IV	2	AP	**14**
négocier	verhandeln	III	5	A	**1a**
O					
observer	beobachten	IV	1	AP	**1a**
s'occuper de qn/qc	sich um jdn./etw. kümmern	III	2	A	**4**
offrir	einladen zu; schenken	III	4	A	**16**
oser	sich trauen; wagen	III	3	A	**1a**
oublier qc	etw. vergessen	II	3	A	**1a**
ouvrir	öffnen; eröffnen	III	4	A	**16**
P					
paniquer	in Panik geraten	I	6	B	**1a**
parcourir	zurücklegen (*Strecke*)	IV	0		**3a**
parler	sprechen	III	1	A	**1a**
On y parle français.	Man spricht dort Französisch.	IV	0		**1a**
participer à qc	an etw. teilnehmen	III	3	A	**1a**
partir	losfahren; abfahren; weggehen	III	3	A	**3a**

Verbliste

partir pour	fahren nach	IV 0	**3a**
passer	verbringen	I 6 A	**1a**
passer (à la télé)	laufen (im Fernsehen); ausgestrahlt werden	IV 4 AP	**1a**
passer de la France à l'Allemagne	von Frankreich an Deutschland übergehen	IV 4 AP	**1a**
passer une frontière	eine Grenze passieren; über eine Grenze gehen/fahren	IV 4 AP	**1a**
passer (une journée)	(einen Tag) verbringen	III 3 A	**1a**
passer qc à qn	jdm. etw. reichen; jdm. etw. weitergeben	III 3 A	**1a**
Elle se passionne pour la musique.	Sie begeistert sich für die Musik.	IV 2 AP	**4**
perdre	verlieren	III 2 A	**2**
pique-niquer	ein Picknick machen	II 4 A	**1a**
piquer *(fam.)*	klauen *(ugs.)*	III 5 A	**1a**
placer	hinstellen; platzieren	III 4 A	**1e**
Il ne pleut pas beaucoup.	Es regnet wenig.	IV 1 AP	**lex.**
Il pleut.	Es regnet.	I 5 B	**lex.**
plonger	ins Wasser springen	II 4 A	**1d**
porter	tragen	II 1 A	**1a**
poser qc	etw. stellen; setzen; legen	II 5 A	**1a**
pousser	schieben; wachsen	III 2 A IV 1 AP	**1a;** **1a**
pouvoir	können	II 5 A	**12**
pratiquer	ausüben	IV 2 A	**1a**
préférer	bevorzugen; lieber mögen	II 1 A	**1g**
prendre qc	etw. nehmen	II 4 A	**9**
préparer	vorbereiten; zubereiten	I 3 C	**1a**
Il faut se préparer.	Wir müssen uns vorbereiten.	IV 1 A	**4**
présenter	vorstellen; präsentieren	I 6 B	**1a**
se promener	spazieren gehen	IV 3 AP	**1c**
proposer qc	etw. vorschlagen	II 4 A	**1a**
protéger	schützen	III 2 AP	**1g**
(se) protéger	(sich) schützen	IV 3 A	**1g**

Q

quitter	verlassen	IV	2	A	**1a**

R

raconter qc	etw. erzählen	II	3	A	**1a**
ramasser qc	etw. einsammeln; aufheben	II	3	A	**1a**
ranger	aufräumen	I	4	B	**1d**
recevoir	bekommen; erhalten	III	1	A	**19**
recharger	aufladen	IV	1	A	**1d**
refroidir	abkühlen; kalt werden	III	4	A	**3b**
regarder	ansehen; anschauen; betrachten	I	3	B	**1a**
régler	regeln; klären	III	4	A	**1g**
La passerelle relie Strasbourg à Kehl.	Die Fußgängerbrücke verbindet Straßburg mit Kehl.	IV	4	AP	**1a**
remarquer	bemerken	III	1	A	**1a**
remercier qn de/pour qc	jdm. für etw. danken; sich bei jdm. für etw. bedanken	IV	4	A	**1a**
remplacer	ersetzen	III	4	A	**1e**
remplir	füllen; ausfüllen	III	5	A	**3b**
rencontrer qn	jdn. treffen	II	3	A	**1a**
rendre visite à qn	jdn. besuchen	IV	4	A	**2**
renforcer	stärken; festigen	IV	4	AP	**1e**
rentrer	zurückkehren; nach Hause gehen; hineinbringen	II IV	1 1	A A	**1a;** **1a**
répondre à qn	jdm. antworten	II	3	A	**2**
se reposer	sich ausruhen	IV	3	A	**4**
représenter	darstellen	IV	1	AP	**1a**
réserver	reservieren	III	4	A	**1a**
respecter	respektieren; beachten	III	5	A	**1a**
ressembler à qn/qc	jdm./etw. ähneln	IV	4	AP	**1a**
rester	bleiben	I	3	B	**1a**
retourner	umkehren; zurückkehren	II	4	A	**1a**
retrouver qc/qn	jdn. treffen	II	2	A	**1a**

Toute la famille se retrouve autour de mamie.	Die ganze Familie versammelt sich um die Großmutter.	IV	1	A	**4**
revenir	zurückkommen	III	3	A	**13**
quand je me réveille	als/wenn ich aufwache	IV	1	A	**4**
se réveiller	aufwachen	IV	3	A	**4**
rêver de faire qc	davon träumen, etw. zu tun	IV	2	A	**1a**
J'en reviens.	Ich komme gerade von dort zurück.	IV	4	A	**13**
réviser	lernen; wiederholen	II	2	A	**1a**
rigoler	Spaß haben; herumalbern	I	6	A	**1a**
rouler	fahren	III	2	A	**1a**

S

sauter	springen	III	2	A	**1a**
savoir	wissen; können	IV	4	A	**20**
Est-ce que tu te sens plutôt français ou turc?	Fühlst du dich eher französisch oder türkisch?	IV	2	A	**3a**
sentir bon	gut riechen	IV	3	A	**3a**
sentir mauvais	stinken	IV	3	A	**3a**
servir	servieren	III	4	A	**3a**
signer	unterschreiben	III	2	A	**1a**
il/elle se situe	er/sie/es liegt	IV	1	AP	**4**
sonner	klingeln; läuten	I	5	C	**1a**
sortir (de)	ausgehen; hinausgehen (aus); hinausfahren (aus)	III	3	A	**3a**
sortir	herauskommen; erscheinen	IV	2	AP	**3a**
souhaiter qc à qn	jdm. etw. wünschen	IV	4	A	**1a**
soupçonner	verdächtigen	III	5	A	**1a**
stresser	nerven	III	4	A	**1a**
suivre des cours de batterie	Schlagzeugunterricht nehmen	IV	2	AP	**21**
surveiller qn/qc	jdn./etw. überwachen	II	5	A	**1a**

T

taper	tippen	II	2	A	**1a**

téléphoner	telefonieren	II	3	A	**1a**
tenir qn/qc	jdn./etw. halten	IV	3	A	**13**
terminer	beenden	III	2	A	**1a**
tomber	(hin)fallen	I	3	B	**1a**
toucher	berühren	III	2	A	**1a**
tourner	abbiegen; (sich) drehen	I	6	B	**1a**
traîner *(fam.)*	herumhängen *(ugs.)*; chillen *(ugs.)*	II	3	A	**1a**
transporter	transportieren	III	5	A	**1a**
traverser	durchqueren; überqueren	IV	3	AP	**1a**
		IV	4	AP	
trouver	finden	I	5	C	**1a**
Les DROM se trouvent à des milliers de kilomètres de Paris.	Die Überseedepartements sind tausende Kilometer von Paris entfernt.	IV	0		**4**
il/elle se trouve	er/sie/es befindet sich	IV	1	AP	**1a**

U

utiliser	verwenden; benutzen	IV	2	AP	**1a**

V

vendre qc	etw. verkaufen	II	5	A	**2**
venir	kommen	II	2	A	**13**
venir chercher	abholen (kommen)	III	3	A	**13**
Elle vient de s'acheter une voiture.	Sie hat sich gerade ein Auto gekauft.	III	3	A	**13**
vérifier	überprüfen; kontrollieren	III	5	A	**1a**
visiter	besichtigen	I	5	A	**1a**
vivre	leben	IV	1	A	**21**
voir	sehen	III	3	A	**22**
il/elle voit	er/sie sieht	III	2	A	**22**
Tu as vu les motos?	Hast du die Motorräder gesehen?	III	2	A	**22**
voler	stehlen	IV	3	A	**1a**
voter	wählen	IV	4	AP	**1a**
vouloir	wollen	II	5	A	**11**

Lösungen

La France d'outre-mer

1.

se trouver	partie des DROM
partir	français
parcourir	à des milliers de kilomètres de Paris
faire	300 km
parler	pour la Guadeloupe

2.

a)	P	A	R4	L	E5	N	T		
b)	P	A	R	T	O1	N	S		
c)	F	A	I	T3					
d)	T	R	O	U2	V	E6			
e)	P	A	R	C	O	U	R7	E	Z

1	2	3	4	5			6	7
O	U	T	R	E	-	M	E	R

Leçon 1 Un papillon dans l'océan

1. a) pleut, rentrer b) vivais c) se préparer d) allumes e) cultiveraient
2. a) En Guadeloupe poussent des ananas. b) La moitié correspond à 50%. c) Il faut rentrer les chaises! d) Elle fait donc le plein de nourriture.
3. a) observer b) fêter c) recharger d) pleuvoir
4. a) Toute la famille se retrouvera autour de Mamie. b) Pour écouter le bulletin météo, Mamie allumera la radio. c) Mamie cultivera des tomates. d) Quand Mamie se lèvera, elle boira un café. e) Demain, Mamie rentrera les chaises.
5. pousser - devenir - cultiver - consulter - allumer - emporter
6. a) Il a plu beaucoup! b) Nous sommes partis pour Madagascar. c) J'ai consulté le bulletin météo. d) Ils ont fêté leur anniversaire: ils ont eu 18 ans déjà! e) Tu as cultivé des noix de coco? g) Tu as vécu en Guyane? La chance!

7.

Q	A	E	R	T	F	D	C	L	I	M	A	P	O	U
A	W	A	S	S	E	M	P	O	R	T	E	R	U	S
R	E	U	N	I	R	P	O	R	T	Y	H	I	S	T
T	F	I	G	D	F	R	S	O	U	T	E	X	T	R
E	G	R	E	V	E	I	L	L	E	R	F	A	V	E
F	J	E	U	N	T	Y	X	R	M	L	A	I	I	D
O	L	U	M	I	E	V	B	S	U	P	R	A	V	N
U	U	N	C	O	R	R	E	S	P	O	N	D	R	E
L	C	I	D	U	N	R	I	R	A	R	I	A	E	M
V	I	R	E	P	R	E	S	E	N	T	E	R	O	R
R	U	S	S	O	B	S	E	R	V	E	R	I	C	E

8. a) se réveiller b) se réunir c) vivre d) correspondre e) fêter f) observer g) représenter h) emporter

Leçon 2 «J'y tiens, à ma double culture»

1. a) herauskommen, erscheinen, ausgehen, hinausgehen, hinausfahren b) schaffen, gründen c) verwenden, benutzen d) weitergehen, weitermachen, fortfahren

2. a) oui b) non c) oui d) oui e) non

3. a) Je suis des cours de batterie depuis 5 ans. b) Kenza Farah a fait carrière en tant que chanteuse. c) Nous avons créé un groupe de musique avec des copains. d) Stromae se passionne pour la musique. e) Ils ont décidé d'enregistrer une chanson. f) Jamel aime faire rire tout le monde.

4.

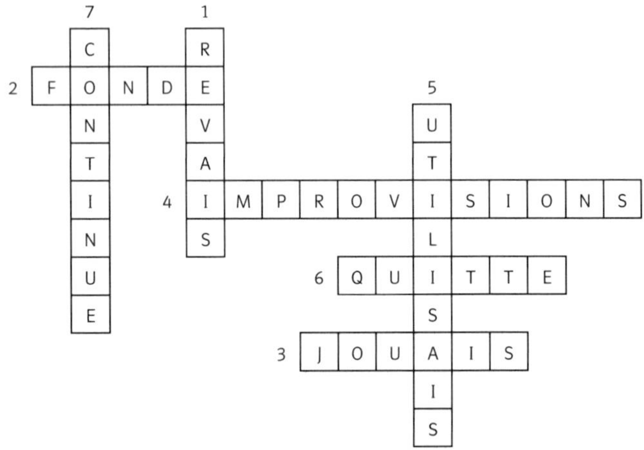

1) rêvais 2) fondé 3) jouais 4) improvisions 5) utilisais 6) quitté 7) continué

5.

les verbes	participe passé	avoir	être
émigrer	émigré	X	
grandir	grandi	X	
sortir	sorti		X
quitter	quitté	X	
naître	né		X
improviser	improvisé	X	
utiliser	utilisé	X	
créer	créé	X	
épouser	épousé	X	

6. a) Son frère? Il était super drôle. b) Il aimait faire rire les gens depuis l'âge de 5 ans. c) Est-ce que tu te sentais plutôt français ou turc? d) Tu rêvais de faire carrière dans la musique, non? e) Elle suivait des cours de batterie 3 fois par semaine.

Leçon 3 Louis XIV, le Roi-Soleil

1.

	bewegen	nicht bewegen
composer		X
vite se déplacer	X	
traverser la galerie des Glaces	X	
jouer au billard	X	
admirer		X
se reposer		X
être assis		X
aller à la messe	X	
se promener	X	

2. a) Si Louis XIV entreprenait des constructions, le château serait plus beau. b) Si je jouais au billard maintenant, je me reposerais ensuite. c) Si vous vous promeniez dans la ville, vous verriez le magnifique château. d) S'ils décoraient leur maison, ils auraient besoin de nous. e) Si elle volait quelque chose dans le château de Versailles, elle aurait des problèmes.

3.

composer	les portes
marquer	une chanson
se mettre	bon/mauvais
sentir	une époque
être	assis/debout
décorer	du gel dans les cheveux / une perruque

4. assister – admirer – amuser – reposer - gouverner

5. a) s'habille, se maquille b) se réveiller c) te couches d) se mettra e) t'habitueras f) s'appeler g) crier

Leçon 4 Strasbourg, capitale européenne

1.

	savoir	**traduire**	**traverser**
Il faut que je...	sache	traduise	traverse
Il faut que tu...	saches	traduises	traverses
*Il faut qu'*il/elle/on...	sache	traduise	traverse
Il faut que nous...	sachions	traduisions	traversions
Il faut que vous...	sachiez	traduisiez	traversiez
*Il faut qu'*ils/elles...	sachent	traduisent	traversent

2. a) Il faut que Pauline rende visite à sa famille. b) Il faut que nous interviewions quelques personnes. c) Il faut qu'ils traduisent ces interviews en français. d) Il faut que tu saches tout ton vocabulaire.

3. a) votions b) traverses c) ferme d) souhaitiez e) attirent f) fasse g) reviens

4. a) Doit-on montrer ses papiers pour passer la frontière? b) La gare est-elle fermée? c) Faut-il que j'interviewe cette personne? d) Ma carte est-elle valable? e) Ta maison est-elle située entre une pâtisserie et un supermarché?

5. a) En ce qui concerne son interview, c'est quand? b) Est-ce que vous passez à la télé ce soir? c) Il est 23 heures, le restaurant est fermé ... d) Leur carte est valable dans toute l'Europe.

6. a) Est-il déjà passé à la télé ou pas? b) Il faut que nous traduisions ce texte en 30 minutes. c) Le train a-t-il du retard? d) La passerelle relie Strasbourg à Kehl. e) Avez-vous remercié vos amis? f) Mamie ne se déplace pas très vite ...

7. renforcer - souhaiter - passer - ressembler - attirer - voter